Tiko El Outa

Wenn die Leidenschaft ruft

Inhalt

Facetten 9
Mein Krieger 10
Die Schönheit des Regens 11
Du 12
Die Liebe 13
Die Sehnsucht 14
Die Fremde in dir 15
Dich 16
Erinnerungen 17
Das Schöne 18
Die fremde Liebe 19
Scham 20
Leben mit Gefühl 21
Die Dunkelheit 22
Ein Dieb 23
Wir 24
Jemanden 25
Das Leben in groben Zügen 26
Warten würdig 27
Die Zeit 28
Wahnsinn Dasein 29
Das sinnlose Sterben 30
Melancholie 31
Die Jahre 32
Die deutsche Sprache 33
Vergessen 34
Seegrün 35

Wild 36
Freigeist 37
Deine 38
Alexander der Große 39
Schlussbemerkung 40

Die Leidenschaft raubt einem den Seelenfrieden
und die Liebe den Verstand.

Tiko El Outa

Facetten

Traurig lächelnd schützend
träumend mit Hoffnung unsicher
weinend liebevoll funkelnd in Ängsten wartend in
Liebe

Wieso sollte ich nicht dich begehren

Mein Krieger

Dein Blick voller Verzweiflung, dein Geruch voller Angst der Zurückweisung,
dein Haar dunkel wie die Nacht, deine Lippen rot, geöffnet: wartend auf einen Kuss

Dein Körper angespannt, bereit zum Kampf, deine Hände fest und voll Kraft,
du mein Krieger, bereit zum Kampf, hier in meinem Schoß: das Schlachtfeld

Die Schönheit des Regens

Umhüllt von der Nässe des stürmischen Sommers,
ein Tag voller Hitze und Qual, die durch dich entbrannt.
Der Regen fällt in all seiner Schönheit auf die Stadt, auf die Menschen.
Dein Klang nur hallt voller Wucht und Wut.

Wohltuend die Nässe auf der Haut, sie erlöst.
Wann ist es so weit, dass du mich nicht mehr berührst,
die Sonne in ganzer Pracht scheinen lässt.

Sehnsucht nach Wärme und Hitze entflammte mich,
Streit entbrannte in mir mit mir selbst. Liebe dich!
So stirbt der stürmische Regen, und ich bin im Einklang mit mir.

Du

Du gibst mir mein erstes und wahres Gefühl der Menschlichkeit.
Dein Dasein erschreckt mich zu Tode,
hab Erbarmen mit meinem Schweigen,
ich kann nicht denken.

Du bist mein Feind!
Hilflosigkeit überfällt mich –
warum fühle ich sie?
Das frage ich mich zum tausendsten Mal.

Du mit deiner Unsicherheit,
du mit deiner Verletzlichkeit,
du bist mein Leid,
mein wahres Verlangen nach Sein.

Meine stille Melancholie gilt dir, befreie mich von der großen Einsamkeit,
du, kleine Verzweiflung meines Daseins,
nur du, du bist mein Licht in der Dunkelheit!

Die Liebe

Wem noch nie die Liebe ein Leid war,
kann nicht von wahrer Liebe sprechen.
Wem noch nie das Atmen schwerfiel,
kann nicht von Leid sprechen.
Wem noch nie das Denken schwerfiel,
kann nicht von Leidenschaft sprechen.
Die Liebe verbrennt dich, verstümmelt dich,
die Liebe raubt dir den Seelenfrieden.
Sie kehrt dein Inneres nach außen und lässt dich
verbluten.

Keine Liebe ohne Schmerz,
kein Schmerz ohne Liebe.
Monströs ist die Liebe,
macht mich und uns zum Monster.

Die Sehnsucht

Siehe da, die Sehnsucht nach Eroberung!
Im Gras liegst du und lachst der Sonne froh entgegen,
doch mich schaust du nicht an, kein einziges Mal,
der sanften Liebe nur willst du begegnen.
Doch meine Männlichkeit verlangt nach deiner Zartheit.

So schau ich bettelnd, flehend ebenso der Sonne nach,
und in der Luft schwebt schon die schwere Glut des Sonnenlichts.
Komm, kleine Schönheit, schau mich an, befreie mich von meiner Qual,
um den Verstand bringt mich dein Blick noch,
sieh doch endlich her!

Die Fremde in dir

Ein unbekanntes Gefühl von Hilflosigkeit trübt
meine Sinne.
Meine Heimat, meine Stadt, mein Leben,
ich sehe in die Ferne und blicke auf Fremdes:

Meine Heimat im Zerfall durch Fremde,
meine Stadt in Unruhe und Angst,
mein Leben voller Unsicherheit,
die Menschlichkeit nah am Abgrund.

Daher frage ich dich, Fremde:
Wie fühlt es sich für dich wohl an?
Dein Weg blutig aus weiter Ferne bleibt
ohne Willkommen im Land des Paradieses.

Dich

So wie du bist
So wie ich dich sehe
So will ich dich
Nur dich

Frag nicht
Ich will dich
So wie du bist
So mag ich dich
Nur dich

Erinnerungen

Heimatland

Denke selten an die Vergangenheit

Gegenwart

Stehe ständig in Ungewissheit

Zukunft

Habe Angst hinzusehen

Gedanken

Stehen mit mir im Unreinen

Hoffnungen

Sind meine Last

Gelüste

Sind mein Vergnügen

Liebe

Warte immer noch

Leben

Lebe!

Das Schöne

Die Schönheit der Seele
Welt der Unendlichkeit und des Intellekts
Die Schönheit des Leibes
Harmonie in Symmetrie und Göttlichkeit
Die Schönheit der Sinnlichkeit
Gesicht und Körper mit Lüsternheit
Die Schönheit des Daseins
Zugehörigkeit in Ebenmaß und Lieblichkeit
Was ist nun also das Schöne?
Eine Mystik des Geschmacks!

Die fremde Liebe

Ich dachte, ich bin unfähig, etwas zu fühlen –
bis ich dich sah!
Ich dachte, mein Herz starb an einem fernen Tag
–
bis ich dich sah!
Die Dunkelheit schwindet aus mir –
du bist es, der mich heilt!
Meine Gefühle sind stark und schwach zugleich.
Du bist so nachdenklich –
fühlt sich so die Liebe an?
Danke, mein Fremder der Unwissenheit –
dich liebend sterbe ich in Frieden.

Scham

Ich nahm ihn in den Mund
Es schmeckte so nach Verderben!
Es schmeckte so nach Lust!
Ich nahm ihn in den Mund
Ganz tief hinein
Es schmeckte so nach Blut und Bitterkeit.

Leben mit Gefühl

Leben bis ans Ende der Welt
ohne Lärm, ohne Druck
in Eiseskälte Einsamkeit.
Meine Seele ist uralt, ohne Gewissen
ohne Scham, ohne Mitgefühl
ohne dich bin ich verloren.

Die Dunkelheit

Trägheit der Nacht, trägt mich.
Die Dunkelheit umgibt mich,
zieht mich weit in die Nacht,
so umgeben von der Schwärze.

So verloren, wie ich mich fühle,
die Dunkelheit ist mein Feind,
meine Lust,
mein Leid,
so fühle ich die Dunkelheit.

Ein Dieb

Ich schleiche durchs Leben als Dieb,
hab Erbarmen mit mir.
Ich hasse mich –
hab Mitleid mit mir.
Ich liebe dich –
sei lieb und lass mich gehen,
so gehe ich
und nehme dein Lachen mit.

Wir

Eine Frau mit gebrochenem Herzen
Eine Frau, die ewig zögert
Eine Frau voller Enthusiasmus
Eine Frau alleine und einsam
Eine Frau wie du und ich.

Jemanden

Die Liebe füreinander
Der Hass aufeinander
Die Liebe zu jemandem
Einander begehren
Jemanden lieben

Das Leben in groben Zügen

Eines Tages aufwachen und glücklich sein,
dies wertzuschätzen – dazu bedurfte es erst des Leids meines Lebens.
Das Glück in jeder Form des Daseins.
Doch: Wie kann ich wissen, was Leid ist,
wenn ich noch nie gelitten habe?
Wie kann ich lieben,
wenn ich noch nie geliebt habe?
Wie kann ich den Schmerz meiner Seele bloß verstehen,
wenn ich nicht weiß, wer oder was ich bin?
Ist das Leben immer so verwirrend,
oder fühlt sich das nur bei mir so an?
Aufstehen, essen, mich vergnügen!
Und kostenlos die verschmutze Luft einatmen!
Immer so weiter, ohne Sinn und Verstand,
bis ich ermüde an diesen Mustern des Daseins.
Aber: Bin ich mutig genug, meinem Leben ein Ende zu setzen?
Oder steckt vielleicht doch noch mehr Sinn drin?
Bin ich etwa defekt?
Oder bin ich einfach – nur ein Mensch?

Warten würdig

Tausend Jahren hätte ich die Mühe
auf dich zu warten
ich, hoffnungsloser Mann
ohne Zeitgefühl
warte ich geduldig
verliere keine Hoffnung.
Mein Wunsch, Liebste, ist ein Tanz im Walde
du und ich allein.
So umgeben von den Bäumen
so blicke ich, ich in deine Augen
sehe meine Liebe tausendfach.
So umschlungen tanze ich mit deinem Leibe
so tanze ich, ich mit dir in Vergessenheit.

Die Zeit

Zeit vergeht
warte auf das Eine
warte ungeduldig

Zeit vergeht
warte trotz allem
warte ungeduldig

Zeit vergeht
hoffe trotz allem
verliere die Geduld

Zeit vergeht
Regen stürmt und Sonne scheint
so lässt das Leben grüßen.

Wahnsinn Dasein

Ganz gewiss, bin wahnsinnig,
tagträume den Wahnsinn
ohne Sinn und Verstand
Schande der Verschwendung, mein Wahnsinn
Dasein.

Wahnsinn, ein Wort wie dies,
Verrücktheit der modernen Welt,
Besonderheit im Allgemeinen,
wahnsinnig sein
gewiss ein Fehler der Natur.

Oh liebster Feind, meine Verrücktheit,
verzeihe mir, mein Wahnsinn,
nicht du bist der Schuldige
Wahnsinn ist mein Naturell.

Das sinnlose Sterben

Blut fließt durch Paris' Straßen,
unschuldige Menschen sterben,
Hass beherrscht die Welt,
sinnlosen Tod sterben die Menschen.

Blut fließt durch Paris' Straßen
Geschrei nach Hilfe,
Geschrei warum?
Hilferuf der Verzweiflung.

Ist das der Anfang, ist das das Ende
Lust zu kämpfen, bekämpft zu werden,
so viel Hass herrscht auf der Welt
kein Entkommen, kein Ende in Sicht.

Schuldig ist nicht Allah,
schuldig ist nicht die Religion,
schuldig sind wir, die Menschen.

Melancholie

Zu sagen, bin geheilt von der Einsamkeit, wäre
die größte Lüge,
zu sagen, bin immer noch einsam und allein,
wäre die Wahrheit,
aber ich kann damit leben, so zu tun als ob.
Ich kann die Dunkelheit vergessen nur für eine
Minute.
Er fragte sich: Wie ist es möglich? Sich
gleichzeitig einsam und allein zu fühlen,
gleichzeitig fröhlich und mit viel Leidenschaft zu
sein, ist das möglich,
ist das gesund für ihre Seele? Du fragst dich,
kann ich sie retten?
Ihr den Schmerz für eine Minute nehmen, sie von
allen Leiden erlösen
und mein Glück schenken, wie kann ich helfen,
ohne selbst zu zerbrechen?
Die Liebe sollte alle Wunden heilen, nun bin ich
mir nicht sicher, ob die Liebe dich heilen kann
oder der Tod den Frieden bringt, so weinend
stelle ich fest,
meine Liebe ist zu schwach,
zu schwach für dein Leid.

Die Jahre

Jahre vergehen ohne mein Wissen,
dass ich überhaupt existiere.
Jahre vergehen,
ohne dass ich überhaupt merke,
wie viel Zeit mir noch bleibt.
Die Zeit ist sinnlos, ohne Bedeutung,
wenn man niemanden hat,
mit dem man sie teilt.
Die Jahre fühlen sich nur noch an
wie ein langer Atemzug –
und schon ist es zu Ende.

Die deutsche Sprache

Die deutsche Sprache ist ein komplexes System von Lauten und Zeichen.
Die deutsche Sprache ist wie eine respekteinflößende Dirne.
Sie mag sich behaupten, mal trotzig, mal lustvoll erscheinen.
Ihr mündlicher Sprachgebrauch ist leichter als gedacht.
Die Beherrschung der Schrift ist ein anderes Unterfangen.
Zum Vergleich: die Beherrschung der respektvollen Dirne.
Ein Unterfangen, dem kein Mensch gewachsen sein mag.
Und nicht zu vergessen die Grammatik.
Die deutsche Grammatik ist wie eine wütende Dirne, die man vergessen hat zu bezahlen.
Man muss um das eigene Leben fürchten, da die Gefahr der Verlust intimer Körperteile sei.
Liebster Feind, der die das ist mir schnuppe.
Die Hauptsache ist, du verstehst meine Körpersprache, denn dann erst kann ich mich behaupten.

Vergessen

Das Leben in Anbetracht der Niederlage
Reue mit Misstrauen und Zweifel
Wo bist du, Leichtigkeit?
Mit Hoffnung in Fröhlichkeit des Lebendigseins
Das schöne Gefühl von Einsamkeit
Gefühllosigkeit mit Trauer und Leere
Das Leben im Zug des Wahnsinns
Begehren, Lust und Schmerz
Die Liebe meilenweit entfernt
Gefühl mit Hass in Niederlage
Das Leben im Streit der Ambivalenz
Fühlen oder vergessen?

Seegrün

Die Sonne geht unter und lässt dich lebendig
erscheinen
Der Geruch lockt mich zu dir
In der Hand ein Zigarillo, pfeifend blickst du mich
an
Die Dunkelheit umgibt dich, und die Umgebung
schwindet dahin
Die Augen, seegrün und prächtig
Das Aussehen gleicht der poetischen
Verruchtheit
Erlöse mich von den Dilemmas
Trau dich: Sklave meiner Lust zu sein
Die Vergangenheit soll ruhen
Heute wird die Leidenschaft besiegt
Küssend deine Hände mag ich einschlafen.

Wild

So wild nach deinen Lippen
So wild nach deinem Körper
So wild nach deiner Seele
So wild ich dich verführe
So wild ich dir das Herz breche
So wild bin ich
nur für dich!

Freigeist

Ich sehe dich das erste Mal
auf einer Leinwand,
nackt, verletzbar und so schön!
Ich glaube dich zu kennen, dich zu lieben,
ein Gemälde ganz nach meinem Geschmack.
Deine offenen Haare sind wie eine Einladung,
deine Nacktheit pure Provokation!
Ich glaube dich zu fühlen, dich zu lieben,
sehe dich,
die Freiheit, frei zu sein, ohne Angst:
mein freier Geist.

Deine

Aus dir wird wohl nichts, sagte dir einmal deine Mutter
Die Wörter taten dir weh und sorgten für Kopfschmerzen
Die Jahre vergingen in schneller Aufruhr
Jetzt hörst du die Rufe deiner Frau: So, es ist Schluss mit uns
Sitzend in der Ecke, du musst nachdenken
Wo soll das Leben für dich weitergehen
Die Frauen in deinem Leben machen immer das Gleiche
Sie gehen mit einem Hauch von Zorn
Die Jahre vergingen in schneller Aufruhr
Plötzlich hörst du schreien
Ich werde mit 18 ausziehen, hörst du deine Tochter sagen
Die Gelassenheit ist zerstört
Da stellst du fest, die Frauen bringen dir außer Ärger nichts ins Heim
Es ist Schluss mit den Weibern
Am besten legst du dir ein braves Haustier zu, das bleibt für immer das Deine.

Alexander der Große

Im Raum der Dunkelheit stehe ich, warte
in der Hoffnung, dein Blick trifft den meinen,
träume
Mein Stolz ringt um Selbstbeherrschung, weine
So dunkel wie meine Seele, trau nicht
So sehr ich dich mag, habe Angst
So weiß ich, du bist nicht wahr.

Schlussbemerkung

Sich erkennen ist gleich sich wehren.

Und an euch, meine Leser: Danke.
Tiko El Outa

Herstellung und Verlag:
BoD - Books on Demand, Norderstedt
ISBN 978-3-7431-1650-4